glücklich

EINE GEBRAUCHSANLEITUNG

Herausgegeben und
zusammengestellt von
Ulrike Gentner
Johann Spermann SJ und
Tobias Zimmermann SJ

Bildnachweis:
S. 7: © Oleh_Slobodeniuk/istock.com; S. 12: © swissmediavision/
iStock.com; S. 18: © Stefan Weigand; S. 24: © franckreporter/istock.com;
S. 34: © etorres69/photocase.com; S. 40: © Doidam 10/shutterstock.com;
S 46: © Orbon Alija/istock.com; S. 56: © shapecharge/GettyImages.com;
S. 62: © Bim/istock.com; S. 68: © Mathias Werfeli SJ; S. 78: © Edson
Campolina/shutterstock.com; S. 84: © Mananya Kaewthawee/istock.com;
S. 90: © DenisTangneyJr/istock.com; S. 100: © bbostjan/istock.com;
S. 106: © Lolostock/shutterstock.com; S. 112: © Wolfgang Zwanzger/
shutterstock.com

Bibliografische Informationen der Deutschen Nationalbibliothek:
Die Deutsche Nationalbibliothek verzeichnet diese Publikation in der
Deutschen Nationalbibliografie; detaillierte bibliografische Daten sind
im Internet über dnb.d-nb.de abrufbar.

1. Auflage 2023
Verlag: Peregrinus GmbH, Pilgerverlag, Speyer
www.pilgerverlag.de

© Heinrich Pesch Haus, Katholische Akademie Rhein-Neckar
www.heinrich-pesch-haus.de

Gestaltung: wunderlichundweigand
Covermotiv: © rosewind/shutterstock.com
Druck und Bindung: Lehmann GmbH, Gutenbergring 39, Norderstedt

ISBN 978-3-946777-28-1

Inhalt

Einleitung

Wer kennt nicht dieses sonnige Gefühl, rundum glücklich zu sein? Wie der Mensch glücken kann, das hat – aus unserer Sicht – nicht nur mit Glück im Sinne des Zufalls zu tun. Es ist wesentlich eine Haltungsfrage. Es hat damit zu tun, wie ich mich zum Leben stelle und woraus ich Sinn und Erfüllung schöpfe.

Eine „Gebrauchsanleitung"? Haltungen prägen wir, indem wir Verhalten einüben. Was möchte ich aus mir und meinem Leben machen? Liebe Leserin, lieber Leser, dieses Buch möchte Dich inspirieren, genauer hinhören zu lernen, wonach Du Dich wirklich sehnst und was das Leben oder, wenn Du möchtest, was Gott Dir dazu sagen möchte.

Dem Vorbild des Ignatius von Loyola (1491–1556) folgend, ziehen sich Jesuiten zweimal im Leben für einen Monat in Einsamkeit und Schweigen zurück, um ihr Leben, wie Ignatius sagt, „zu ordnen". Ungezählte Frauen und Männer weltweit tun es ihnen seither nach; viele nur einige Tage, manche auch einen Monat. Gerade Letzteres bitte nie alleine! Immer nur mit einer erfahrenen Begleitung. All diese Menschen wollen „ihr Leben ordnen", das heißt, ihr Leben selbst in die Hand nehmen, statt gelebt zu werden. Was erwarte ich vom Leben? Und wie kann ich wahrhaftiger zu mir werden, worum sich mein Leben gerade wirklich dreht? Auf welche Ziele will ich meinen inneren Kompass neu ausrichten? Schnupper mit unserer „Gebrauchsanleitung" einfach mal hinein in diese innere Welt.

Bitte exerzier diese Übungen nicht durch wie einen militärischen Drill! Geh erst einmal durch sie spazieren. Was spricht Dich an? Wenn Du so weit bist, dann versuch, in Deinem Tempo den ganzen Weg zu gehen. Die Übungen bauen aufeinander auf. In dem Ablauf steckt ein wenig von der Weisheit von 500 Jahren geistlicher Übung. Die Übungen sind auch als Podcast zu hören, damit Du Dich ganz auf Dein Inneres konzentrieren kannst. Suche Dir für die Übungen die passenden Orte. Dann gehen äußere und innere Pilgerschaft Hand in Hand.

*Wir wünschen Dir
viel Freude und Erfüllung!*

1. KAPITEL

Worauf baue ich?

Eigentlich ist es doch zum Staunen! Ein Volk, das von Sklaven und Vertriebenen abstammt, das von der Geschichte immer hart geprüft wurde, beschreibt die Welt als Garten (Gen 2,15); einen Garten, wenn auch ziemlich verwildert durch die Dummheit und Bosheit von Menschen. Das Gilgamesch-Epos, fast zeitgleich im Großreich Babylon entstanden, sieht die Welt dagegen als Dschungel. Vor seinen Gefahren kann man sich nur in der Stadt hinter hohen Mauern verschanzen. Beide Geisteshaltungen finden sich heute noch. Beide mit Folgen!

Kannst Du dem Leben trauen? Oder ist Dein Leben auch geprägt von Sorge, Misstrauen und Vorsicht, weil jeder Mensch eigentlich nur sich selbst trauen kann? Letzteres wäre doch eigentlich recht traurig! Die kommenden Übungen wollen Dir helfen, Dein Vertrauen in das Leben zu stärken, damit es Dir sozusagen Prinzip und Fundament werden kann.

Die Welt – Geschenk

Mir geht es im Alltag oft so: Das Leben läuft so dahin.
Ich lasse mich ganz fangen in meinen Routinen, in der
Arbeit, meinen Pflichten und Gewohnheiten. Neulich
wurde ich krank, eine lästige erzwungene Auszeit. Vielleicht kennst Du das? Zuerst bin ich rumgetigert, weil
ich nicht aus der inneren Unruhe und meinen Gedan-
kenmühlen kam. Plötzlich Stille auszuhalten, ist nicht
einfach. Ich meine, wirkliche, auch innere Stille, bevor
sie beginnt, ihre heilende Wirkung zu entfalten! Es ist,
als hätten die äußeren Bewegungen im Inneren einen
längeren Bremsweg, als zögen sie in der Seele noch lange Kreise.

Irgendwann, auf dem Rückweg von einem Spaziergang, stolperte ich dann buchstäblich darüber: Es war
plötzlich ganz still und frei geworden in mir. Ich sah auf
einmal die herbstlich goldenen Bäume neu: Mitgeschöpfe, Verwandte oder so. Sie schienen mich anzusprechen
und aufzunehmen wie ein bergendes Dach. Und das gol-
dene Abendlicht begann auch mich zu überfließen. Ich
fühlte mich daheim.

Die Alltagsprobleme, die mich noch kurz zuvor ganz
ausgefüllt und umgetrieben hatten, schienen plötzlich

an ihren natürlichen Platz zu fallen und mich frei zu geben. Sie bekamen ein angemessenes Gewicht: nicht unwichtig, aber auch nicht das Leben! Nimm Dich nicht so wichtig, sagte es in mir. Es ist alles gut!

Und da spürte ich wieder, was für ein zerbrechliches und kostbares Geschenk diese kurze Lebensspanne mit all den Begegnungen ist; und wie wunderbar, dass wir Menschen auf einem winzigen Planeten in einer abgelegenen Ecke des Universums, inmitten einer riesigen Ewigkeit, für einen kurzen Moment aufatmen und über das Leben und all seine Wunder staunen dürfen.

Liebe Leserin, lieber Leser, Du hast Dich aufgemacht, mit kleinen Übungen dem Glück auf die Spur zu kommen. Vielleicht fühlt sich das alles bei Dir etwas anders an. Nicht wichtig! Jeder Mensch ist anders. Aber vielleicht hast Du doch eine Ahnung bekommen, worum es in der kommenden Übung gehen könnte.

Ignatius fordert die Übenden am Anfang der Exerzitien auf, sich alle Mitgeschöpfe der Welt, die Erde, Sonne, Mond, Sterne, die Tiere, die Früchte, Fische bis hin zu den Heiligen und Engeln vor Augen zu halten und zu staunen, „wie sie mich am Leben gehalten und in ihm erhalten haben … wie sie mich ertragen und behütet und für mich gebetet haben."

Ignatius von Loyola, Exerzitienbuch,
1. Woche, 2. Übung, 5. Punkt

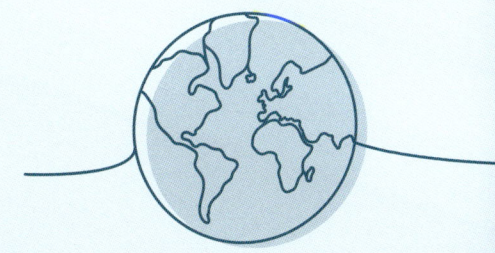

Übung Schau wie zum ersten Mal

HINFÜHRUNG

Such Dir einen Platz, der Dir entspricht und dazu einlädt, bei Dir selbst einzukehren. Atme einige Male durch. Spür in Deinen Körper hinein: Wie ist es gerade, hier zu sitzen? Öffne Deine Augen, Nase, Ohren und Deine Seele ganz bewusst, um mit allen Sinnen alles genau wahrzunehmen. Nimm Dir dafür Zeit.

DIE ÜBUNGSSCHRITTE

→ Schließ die Augen. Werde Dir klar: Du und dieser Ort, ihr seid gerade nur ein winziger Teil der umgebenden Stadt oder Landschaft, Teil eines Kontinents, Teil der Erde. Versuch Dir vorzustellen, wie es als Alien jetzt gerade wäre, aus dem All immer näherkommend, diesen kleinen blauen Planeten am Rande einer Galaxie in einer entfernten Ecke des Weltalls erstmals anzuschauen. Schau wie zum ersten Mal! Was erfüllt Dein Herz?

→ Komm langsam näher, nimm Kontinente wahr, Meere, Pflanzen, Tiere, Städte, Lichter ... Nimm Dir Zeit. Lass Dich von Dir selbst überraschen, was Du gerade entdeckst. Schau auf die Menschenströme in den Städten, die Völker ... Was empfindest Du, während Du all dies so wahrnimmst?

- Komm jetzt zu den Orten, wo Du lebst, wenn Du nicht gerade als Alien unterwegs bist. Wer läuft da gerade über die Straße und was machen die Leute so? Was bewegt sie? Wen oder was nimmst Du gerade besonders wahr?
- Wenn Du auf all das blickst, was da jetzt gerade ist: Möchtest Du bewusst auf Menschen zugehen oder etwas Besonderes unternehmen? Welche Wünsche (nicht Vorsätze!) entstehen gerade in Deinem Inneren? Triff eventuell eine konkrete Verabredung mit Dir selbst.

SCHLUSSREFLEXION UND GEBET

Öffne die Augen und komm behutsam zurück in Dein Alltagsbewusstsein und in die Wahrnehmung des Ortes, wo Du sitzt. Was klingt in Deinem Inneren nach? Vielleicht spürst Du gerade so etwas wie Gottes Gegenwart? Oder Du wünschst Dir jetzt gerade einen Menschen an Deiner Seite, der etwas Besonderes für Dich ist. Was magst Du ihnen jetzt erzählen? Wovon ist gerade Dein Herz voll?

Die Welt — Heimat

Kürzlich habe ich in der Zeitung einen Artikel zum Thema „Was Deutsche unter Heimat verstehen" gelesen. Beim Überfliegen der interessanten Fakten, wie zum Beispiel, dass „Heimat" für 32 Prozent der Erwachsenen der Ort ist, an dem sie aufgewachsen sind, komme ich ins Nachdenken und überlege, was Heimat für mich bedeutet. Laut Duden ist „Heimat" ein „Land, Landesteil oder Ort, in dem man (geboren und) aufgewachsen ist oder sich durch ständigen Aufenthalt zu Hause fühlt".

Aufgewachsen in einem kleinen Stadtdorf, in dem ich mich sehr wohl und geborgen fühlte, zog es mich mit knapp 20 Jahren in die Großstadt Frankfurt. Nach drei Jahren Trubel, Schnelligkeit und Stress gab es erste Momente der Sehnsucht nach „zu Hause". Der Liebe wegen führte mich mein Weg weiter von der Heimat weg nach Bremen. Hier ging es zwar etwas ruhiger und beschaulicher zu, jedoch erahnte ich bereits während der kurzen Besuche bei meinen Eltern, dass da etwas fehlte. Und es war nicht nur die Familie, es war ein Gefühl. Weitere zwei Jahre später war es dann eine bewusste Entscheidung, zurück in die „Heimat" zu gehen. Der berufliche Weg nahm eine Wendung und passte sich dem wunderbar an.

Seit dieser Zeit bin ich angekommen – zurück in der Heimat, habe hier meine Familie, meinen Beruf und die Natur, nach der ich mich gesehnt hatte. Ich überlege manchmal, ob meine Heimat mir so wichtig wäre, wenn ich nie weggegangen wäre. Muss man auf etwas erst verzichten, um es schätzen zu lernen?

Dieser Gedanke erinnert mich an die Fastenzeit. Der Mensch soll sich durch Enthaltsamkeit neu besinnen, Buße tun und die Nähe zu Gott suchen. Müssen wir uns vielleicht erst innerlich entfernen von der Selbstverständlichkeit, auf der Erde „daheim" zu sein, um zu erkennen, welches Wunder es ist, dass wir uns auf diesem winzigen Planeten, der am Rande einer Galaxie ganz am Rand des Universums durch Zeit und Raum rast, beheimatet fühlen. Die Erde, unsere Heimat, trotz allem. Was für ein Geschenk!

Denn so wie Spazierengehen, Marschieren und Laufen körperliche Übungen sind, gleicherweise nennt man geistliche Übungen jede Art, die Seele vorzubereiten … den göttlichen Willen zu suchen und zu finden in der Ordnung des eigenen Lebens zum Heil der Seele.

Ignatius von Loyola,
Exerzitienbuch, 1. Anweisung

Übung Sei stabil und gut verwurzelt

HINFÜHRUNG

Diese kleine Übung ist fürs Büro genauso geeignet wie für die Natur. Wähl einen Ort, an dem Du Dich sicher und wohl fühlst.

DIE ÜBUNGSSCHRITTE

→ Stell Dich aufrecht hin, die Füße parallel und hüftbreit auseinander. Richte Dich auf, als würdest Du an einem seidenen Fädchen am Scheitel nach oben gezogen. Lass die Arme locker nach unten hängen. Achte darauf, dass Du in den Knien weich und durchlässig bleibst.

→ Spür den Kontakt mit dem Boden und nimm ein paar tiefe Atemzüge. Lass beim Ausatmen alles los, was Dich belastet oder stresst.

→ Schließ die Augen und stell Dir vor, wie ein Baum zu sein, ein Baum, wie Du ihn magst. Lass ihn so groß und alt sein, wie es Dir gefällt. Lass seine Krone so breit und ausladend sein, so grün, wie Du es Dir für Deinen schönsten Baum vorstellst. Kannst Du den Stamm in Dir spüren und wie verwurzelt Du bist?

→ Werde selbst immer mehr zu dem Baum, den Du Dir vorstellst. Spür, wie Wurzeln aus Deinen Fußsohlen sich immer mehr in den Boden graben und tief in die

Erde hinab reichen. Spür die stolze Krone und wie die Blätter im Wind rascheln. Fühl, wie fest Du mit der Erde verbunden bist und wie sich Deine Baumkrone im Wind wiegt. Genieß für eine Weile, so dazustehen. Nimm wahr, wie Dich mit jedem Einatmen neue Energie durchströmt und Du negative Energien aus Dir herausströmen lässt, wenn Du ausatmest. Bleibe so lange ein Baum, wie es für Dich angenehm ist.

→ Wenn Du zum Ende kommst, dann nimm alle angenehmen Empfindungen wahr und speicher sie in Dir. Veranker Dich wieder fest in Deiner Mitte. Heb kurz die Arme und reck und streck Dich. Nimm ein paar tiefe Atemzüge und komm wieder ins Hier und Jetzt zurück. Öffne die Augen, wenn Du Dich dazu bereit fühlst.

SCHLUSSREFLEXION UND GEBET

Wie fühlst Du Dich jetzt? Was hat sich im Vergleich zu vorher verändert? Kannst Du etwas mehr erleben, wie die Erde Dich trägt? Und was macht das mit Dir? Wenn Du magst, dann sprich in Dir einen kleinen Dank. Und vielleicht gibt es dazu eine kleine körperliche Geste, die Dir dazu passend erscheint.

Die Welt – Auftrag

„Und was machst Du so?" — Es ist schon Jahre her. Ich war auf der Geburtstagsparty bei einer guten Freundin aus Schulzeiten. Inzwischen lebte sie in einer anderen Stadt und studierte Grafik-Design. Ich war als einziger Politikwissenschaftler zwischen lauter angehenden Designern irgendwie anders und ich hatte bei dieser Frage auch das Gefühl, dass ich mich rechtfertigen musste. Gerade hatte ich eine Woche lang ein Seminar mit Jugendlichen zur Europäischen Union geleitet. Voller Begeisterung habe ich wohl darüber gesprochen, wie ich mit den jugendlichen Teilnehmenden über den Zusammenhalt in Europa, die europäischen Grenzen und den Sinn und Unsinn von Politik diskutiert habe. An die Reaktion meiner Gesprächspartnerin erinnere ich mich bis heute: „Du kannst Dich glücklich schätzen, dass Du etwas gefunden hast, was Dich so erfüllt."

Vermutlich wird uns allen immer wieder einmal diese Frage gestellt, was wir „so machen" – in letzter Zeit, im Beruf, im Leben. Wenn wir Sinn in dem sehen, was wir machen, antworten wir gerne auf diese Frage. Wissenschaftlich ist das bestätigt. Die Positive Psychologie hat „Sinnhaftigkeit" als einen von fünf Faktoren ausgemacht, die für ein erfülltes Leben notwendig sind.

Für mich ist bis heute ein Teil der Antwort, dass ich die Welt mitgestalten und verändern will. Die Welt ist ein Geschenk und sie ist auch unsere Heimat. Wenn wir jedoch die Augen aufmachen – und da müssen wir gar nicht besonders genau hinschauen – sehen wir Armut, Leid, Konflikte. Man könnte auch sagen: Die Welt ist unfertig an allen möglichen Ecken und Enden. Oder im christlichen Verständnis: Die Welt, in der wir leben, ist nicht das Paradies. Sie ist nicht fertig. Verstehen wir diese unfertige Welt also eher als Auftrag. Es gibt eine ganze Menge für uns Menschen zu tun.

Unseren Herrn um die Gnade bitten,
dass ich nicht taub sei für seinen Ruf …

Ignatius von Loyola, Exerzitienbuch,
2. Woche, Der Ruf des Königs

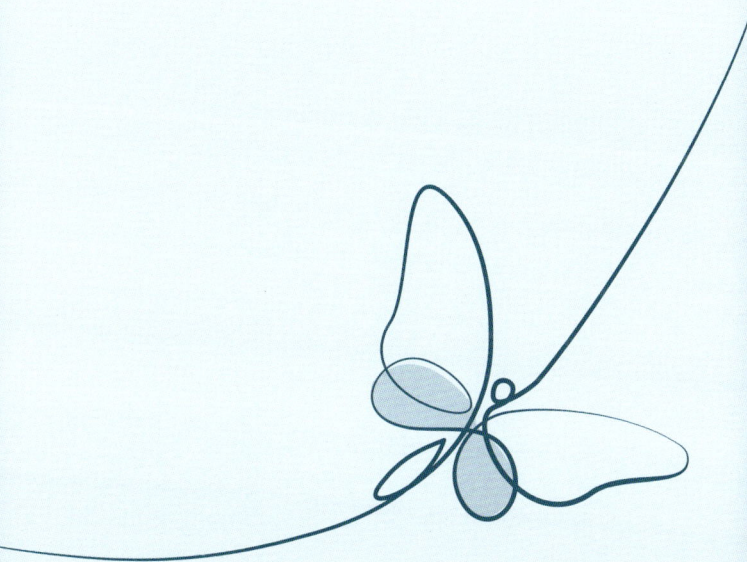

Übung Sich Gott zur Verfügung stellen

HINFÜHRUNG

Ignatius von Loyola hat einst gesagt: „Die meisten Menschen ahnen nicht, was Gott aus ihnen machen könnte, wenn sie sich ihm nur zur Verfügung stellen würden." Diese Übung möchte Dir einen Impuls geben, herauszufinden, was das für Dich bedeuten könnte.

DIE ÜBUNGSSCHRITTE

→ Such Dir einen Ort, an dem Du in den nächsten Minuten möglichst Ruhe finden und ganz bei Dir sein kannst.

→ Nimm eine Position ein, in der Du gut ein paar Minuten sitzen kannst. Stell beide Füße mit der ganzen Sohle auf den Boden, so dass Du Halt hast und verankert bist. Wenn Du möchtest, schließ beide Augen oder halt sie halb offen.

→ Achte ganz bewusst auf Deinen Atem, wie er kommt und wie er geht – ganz von allein. Du musst gar nicht tief einatmen. Ganz von allein findest Du genug Luft, um Deinen ganzen Körper gut mit Sauerstoff zu versorgen. Die Luft um Dich herum ist ein Geschenk. Die Luft ermöglicht es Dir, Energie für all das zu finden, was Du vollbringen willst. Bleib etwas länger dabei.

→ „Die meisten Menschen ahnen nicht, was Gott aus ihnen machen könnte, wenn sie sich ihm nur zur Verfügung stellen würden." Versuch nachzuspüren: Gibt es in Dir vielleicht eine Sehnsucht, wie Du Dich Gott zur Verfügung stellen könntest? Was könnte dies für Dich meinen?

Wenn Du auf die Welt blickst, gibt es eine ganze Menge für uns Menschen zu tun. Klar ist: Alleine kannst Du nicht alles in der Welt zum Guten wenden. Aber vielleicht gibt es etwas in Deinem nahen Umfeld, an dem Du ansetzen und Gutes bewirken könntest: Eine Ungerechtigkeit ansprechen, die ansonsten nicht wahrgenommen wird. Einen anderen Menschen mit Würde behandeln, der ansonsten übersehen wird. Einen Konflikt erkennen, die Hand ausstrecken und ein Friedensangebot machen.

SCHLUSSREFLEXION UND GEBET

Wenn Du etwas finden konntest: Vielleicht magst Du heute einmal ganz bewusst diesen Schritt wagen und Dich Gott zur Verfügung stellen.

Und wenn es dann für Dich passt: Komm behutsam innerlich und äußerlich wieder in Bewegung, öffne die Augen und komm in Deinem Tempo in das Hier und Jetzt zurück.

2. KAPITEL

Klar sehen

Bedauerlicherweise neigen wir Menschen dazu, uns ziemlich viel über uns selbst vorzumachen. Wo Dein Herz ist, da ist auch Dein Gott, stellte Martin Luther ziemlich nüchtern fest. Die Ideale, die wir auf Nachfrage vielleicht nennen würden, sind das eine. Aber womit füllen wir wirklich unsere Zeit? Gerne schauen wir darauf, was wir brauchen, um glücklich zu sein. Aber was kostet unser Glück? Welche Lebensressourcen, die wir verschwenden, fehlen anderen Menschen oder gehen auf Kosten des Planeten? Wir verbringen viel Zeit in unserer eigenen kleinen Welt, in unseren Gedanken, Plänen, unserem Ärger und unserer Freude. Wie selten leben wir dagegen in der Gegenwart und nehmen wahr, wer uns gerade begegnen möchte!

Die Texte und Übungen dieses Kapitels möchten Dir Mut machen, Dir selbst gegenüber etwas Wahrhaftigkeit zu üben und Deinen Lebensstil kritisch zu hinterfragen.

Was ist mir wirklich heilig oder wem gehört meine Zeit?

„Zeit ist Geld", „Kommt Zeit, kommt Rat", „Alles hat seine Zeit": Unzählige Sprichwörter und Redewendungen beschäftigen sich mit Zeit. Sie liefern mal mehr, mal weniger gute Ratschläge für den Umgang mit derselben. Tatsächlich gibt die Zeit für viele Bereiche unseres Lebens den Takt vor: Sportliche Leistungen messen wir in Sekunden, die Bahn verspätet sich mal wieder um ein paar Minuten, ein Fußballspiel oder der Tatort am Sonntagabend dauern eineinhalb Stunden.

Im Alltag wundere ich mich oft, wie schnell „die Zeit" mal wieder vergangen ist: War das letzte Treffen mit Freund*innen nicht erst vor Kurzem? Ist es tatsächlich schon wieder so lange her? Oder wie kann es sein, dass die Kleider meiner Tochter schon wieder nicht mehr passen! Während Sekunden, Minuten, Stunden und Tage meinen (Arbeits-)Alltag strukturieren, passieren viele vermeintlich kleine Dinge in meinem

Leben und um mich herum. Sie geschehen sozusagen zwischendurch.

Manchmal nehme ich diese Dinge ganz aktiv und bewusst wahr: Ich plane die gemeinsame Zeit mit Familie und Freund*innen. Ich blocke mir Zeit, um mit meiner Tochter mal wieder richtig spielen zu können. Ich nehme mir bewusst Zeit für Aktivitäten, die mir wichtig sind. Doch ebenso oft fühlt es sich an, als sei „die Zeit" einfach vergangen. Das merke ich dann an der Frage, was sich eigentlich geändert hat? Manchmal fühlt es sich auch so an, als sei ich nicht zu dem gekommen, was mir wirklich wichtig ist!

In diesen Situationen frage ich mich: Hat das, was Du in der letzten halben Stunde gemacht hast, für Dich – oder für jemand anderen – einen Sinn ergeben? Hast Du in dieser Zeit etwas bewirken können? „Woran Du aber Dein Herz hängst, das ist Dein Gott", hat Martin Luther mal gesagt. An dem, womit ich meine Zeit wirklich verbringe, merke ich, welche Schwerpunkte mir im Leben gerade tatsächlich wichtig sind. Erst wenn ich da ehrlich zu mir selbst werde, wenn ich anfange zu leben, statt gelebt zu werden, kann ich mir überlegen, womit ich wirklich mehr oder weniger Zeit verbringen möchte.

Denn nicht das Vielwissen sättigt
und befriedigt die Seele, sondern das
Verspüren und Verkosten der Dinge
von innen her.

Ignatius von Loyola,
Exerzitienbuch, 1. Anweisung

Übung Innere Reise in die Vergangenheit

HINFÜHRUNG

Ich lade Dich ein, Dir einen Ort zu suchen, an dem Du Dich jetzt gerade wohlfühlen kannst. Schalt Dein Handy aus und lass die To-do-Liste auch innerlich einfach mal liegen. Schließ Deine Augen und spüre: Was gehört alles zu diesem Ort? Welche Gegenstände, Pflanzen, Menschen oder Tiere? Welche Gefühlsqualitäten hat er gerade für Dich? Ist er ruhig, geschützt …? Nimm alles bewusst und dankbar wahr.

DIE ÜBUNGSSCHRITTE

→ Nun lade ich Dich ein, innerlich sieben Tage in die Vergangenheit zu reisen. Wen hast Du wiedergetroffen? Wer ist Dir neu begegnet? Mit welchen Aufgaben, Projekten oder Tätigkeiten hast Du Deine Zeit verbracht? Es geht bei der Übung nicht um Vollständigkeit! Du entscheidest, wann Du zum nächsten Schritt übergehst.

→ Tief in Dir drin weißt Du, welche Dinge Dir im Leben besonders wichtig sind, wonach Du Dich sehnst, was Dir „heilig" ist. Fass es es innerlich nochmals in Worte.

→ Schau nun darauf: Hattest Du in der letzten Woche Zeit für die wichtigen Menschen, Dinge und Tätigkeiten?

Nimm bewusst wahr: Wie fühlt es sich an zu realisieren, dass Du Dir für das Richtige Zeit genommen hast? Sei aber auch ehrlich zu Dir selbst: Wo hattest Du keine Zeit für das, was Dir eigentlich wichtig ist? Versuch einfach, offen und unvoreingenommen herauszufinden, was Dich eventuell davon abgehalten hat. Was könnte Dir nächstes Mal helfen, es anders zu machen?

» Sammle dankbar ein, was gut ist, wie es war und ist. Wo verspürst Du den Wunsch, einen Teil Deiner Zeit anders zu verbringen? Wenn es so ist und sich der Gedanke daran gut anfühlt – warum probierst Du es nicht einfach aus? Es ist Zeit – Deine Zeit! Du musst es aber nicht als verpflichtenden Vorsatz angehen, sondern so, wie es sich für Dich richtig und stimmig anfühlt.

SCHLUSSREFLEXION UND GEBET

Öffne Deine Augen, kehr langsam wieder an Deinen besonderen Ort zurück. Ich lade Dich ein, in Stille innerlich oder durch eine Geste oder Haltung auszudrücken, wo Du dankbar bist, weil es Dir alleine oder gemeinsam mit anderen gelungen ist, die Zeit so zu gestalten, dass sie wert- und sinnvoll für Dich, für Euch war.

Man ist, was man isst oder was kostet mein Glück?

Angeregt durch die Bibel und Margarete Hille habe ich mir folgende Geschichte gemerkt:

Ein kleiner Junge wuchs in einem Dorf auf. Er liebte Gott, die Menschen und die Tiere. Besonders mochte er Lämmer. Tagelang hatte er sie auf dem Arm. Er spielte und sprach mit ihnen.

Einmal sprach seine Mutter zu ihm: „Weißt Du, dass der große König Dein Urahn war?" Der Junge fragte: „Und wer war meine Urahnin?" Die Mutter sagte: „Sie war nicht Königin. Sie war die Frau des treuesten Kriegers. Der König entführte sie heimlich, weil sie so schön war. Als sie ein Kind von ihm bekam, drohte alles aufzufliegen. Da sorgte der König dafür, dass ihr Ehemann in der Schlacht jämmerlich alleingelassen sein Leben verlor." „Was für ein Unrecht!", sagte der Junge. „Das hat Gott auch gesagt. Er schickte seinen Propheten. Der erzählte dem König voll Angst eine Geschichte: ‚König, da war ein armer Mann, der nur ein einziges Lämmlein hatte, das er wie ein Kind liebte. Wenn nun der reiche Nachbar, der eine große Herde Schafe hatte, als er Besuch bekam, keines seiner Tiere, sondern das Lämmchen des armen Nachbarn schlachtete – wie ist das, König?' ‚Was für ein Unrecht', sagte der König. Der Prophet entgegnete: ‚Du selbst bist der reiche Mann! Schau, was Du gemacht hast.' Da konnte der König seinen Frevel einsehen. Er weinte bitterlich."

Älter geworden, zog der Junge mit seiner Familie zum Tempel, den jener König einst gebaut hatte. Dort war ein lautes Treiben. Es kam aber die Stunde, da wurde der Lärm von etwas Erbärmlichem übertönt. Hunderte von Schafen wurden geschlachtet. Angeblich, um Gott zu besänftigen. Der Junge hörte die Angst der Lämmer und protestierte: „Das ist Unrecht!" Er sagte es allen, die er nur finden konnte. Zuletzt schickten sie ihn zu den Priestern und Schriftgelehrten. Alle staunten über seinen Mut und seine Beredtheit. Erst nach drei Tagen fanden ihn seine Eltern und holten ihn nach Hause.

Es wird erzählt, dass der Junge viele Jahre später erneut in jener Königsstadt war. Wieder schrien die Schafe und Lämmer erbärmlich. Da soll auch er sein Leben ausgehaucht haben, unter schmerzlichen Schreien und in Solidarität mit all den „Lämmern" der Welt.

Ich setze voraus, dass es dreierlei Gedanken in mir gibt, nämlich einmal die mir eigenen, die allein aus meiner Freiheit und Willenskraft entspringen; und dann die beiden anderen, die von außen kommen: der eine, der vom guten Geist kommt, und der andere vom bösen.

Ignatius von Loyola, Exerzitienbuch,
Allgemeine Erforschung des Gewissens

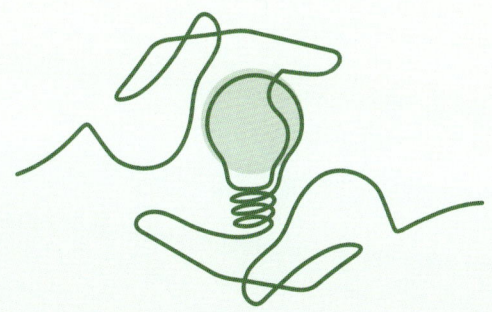

Übung Das Gute sehen

Gewalt entsteht, weil wir unseren inneren Antrieben gegenüber unfrei sind, wie der König. Wir wollen alles, was uns nicht passt, beseitigen und negative Gefühle an anderen auslassen.

DIE ÜBUNGSSCHRITTE

→ Zieh Dich zurück an einen ruhigen Platz. Sag Dir, dort möchtest Du jetzt Dir und Gott die Zeit schenken. Halt Dich aufrecht. Atme einige Male durch. Wenn Du dazu bereit bist, sag Gott, dass Du wahrhaftig sein möchtest und bitte um Hilfe dazu!

→ Schließ die Augen. Lass die Menschen und Situationen vor Deinem inneren Auge vorbeiziehen, die Dich gerade beschäftigen. Registriere Begegnungen, die Dich erfüllen, und solche, die auf Dir lasten. Lass sie alle da sein.

→ Lade einen Freund oder eine Freundin ein, deren Rat Du schätzt. Es kann auch Jesus sein, wenn das für Dich passt. Versuch zu spüren, wie seine oder ihre Anwesenheit Dir wohltut. Vielleicht kannst Du in Deiner Vorstellung jener Person sagen, was Dir bei ihr guttut.

- Mach Dir bewusst, wie schön es wäre, selbst eine Person zu sein, deren Anwesenheit anderen wohltut. Vielleicht kannst Du das noch nicht so leben wie diese Person. Aber vielleicht spürst du, wie allein die Sehnsucht danach bereits wirkt und strahlt.
- Jetzt schau auf die Personen, mit denen Du es gerade schwer hast, die Dir ein Ärgernis sind. Spür, was in Dir passiert, wenn Du auch sie einfach da sein lassen kannst, in einem Abstand, der für Dich passt. Versuch, nichts Unangenehmes wegzuschieben, Dich aber auch zu nichts zu zwingen.
- Stell Dir vor: Auch diese Personen sind Kinder Gottes. An ihnen muss etwas sein, was gut ist. Vielleicht kannst Du es nicht sehen. Aber Du weißt darum. Und vielleicht spürst Du, wie sich Dein Verhältnis zu Menschen und Situationen etwas verändert, wenn Du sie nehmen lernst, wie sie nun einmal sind.
- Was wäre ein nächster kleiner Schritt, um besser mit diesen Personen umgehen zu lernen?

SCHLUSSREFLEXION UND GEBET

Du kannst alle Deine Entdeckungen vor Jesus bringen und ihm etwas sagen wie: Das bin ich. Etwas davon schenke ich Dir. Wirst Du mir helfen, etwas Gutes daraus zu machen?

Dasein — oder wie komme ich in den Beziehungsmodus?

Es gibt einen Moment, an den ich mich besonders gerne erinnere – ein perfekter Moment! Ich möchte fast sagen, ein Moment, in dem sich für mich Himmel und Erde berührten.

Es war der Augenblick, als ich meine Tochter nach der Geburt zum ersten Mal sah, diesen kleinen Menschen, auf den wir uns in den letzten neun Monaten so sehr gefreut hatten. Ein perfekter Moment, in dem es genügte, einfach da zu sein und zusammen zu sein. Die erste Begegnung mit diesem ersehnten Menschen. Ein Augenblick, in dem die Zeit stillzustehen schien. Nichts zählte, außer sich gegenseitig anzusehen, zu spüren und mit allen Sinnen wahrzunehmen. Für mich war das die Begegnung mit dem Geheimnis des Lebens. So intensiv stelle ich mir erst wieder den eigenen Tod vor.

Im Vorfeld der Geburt hatten mir viele Menschen ihre eigene Geschichte erzählt, von ihrer Freude, den

Herausforderungen. Manche gossen aber auch ihre eigenen Ängste und Enttäuschungen wie eine toxische Soße über meine Vorfreude. Rückblickend habe ich daraus gelernt: Bei allem, was wir aus den Erfahrungen anderer mitnehmen können – am Ende kann es, trotz aller Unsicherheiten, Sorgen und Bedenken, nur darum gehen, sich selbst ganz auf das eigene Leben einzulassen, so wie es jetzt ist.

Im Jetzt zu leben, das öffnet mir auch die Augen für die kleinen Begegnungen, die sich gerade ereignen und für gemeinsame Erfahrungsräume, die Menschen verbinden. Das Lächeln, das der Anblick eines spielenden Kindes plötzlich einander völlig Unbekannten ins Gesicht zaubert und sie in einem kleinen Moment des Glücks verbindet. Dieses ganz bewusste Ankommen in der Gegenwart erfüllt mich mit Glück und Dankbarkeit, wann immer es mir gelingt oder geschenkt wird.

Ignatius schlägt zur Vorbereitung der ersten Übung vor, sich in der Weise bewusst zu machen, dass Gott immer in und mit mir ist, dass ich vor jeder Übung „von Gott unserem Herrn das erbitten (soll), was ich begehre und ersehne."

Ignatius von Loyola, Exerzitienbuch,
1. Woche, 1. Übung

Übung Besuch bei mir selbst

HINFÜHRUNG

„Heute mach ich mir eine Freude und besuch mich selbst. Hoffentlich bin ich daheim!" – Karl Valentin

Mit Karl Valentin möchte ich Dich einladen, Dich selbst zu besuchen.

DIE ÜBUNGSSCHRITTE

- » Such Dir einen Platz und setz Dich entspannt hin. Schließ die Augen und achte auf den Atem, wie er an der Nasenspitze in Dich einströmt. Kühl beim Einatmen. Wärmer beim Ausatmen. Lass ihn kommen und gehen in seinem Tempo. Es atmet auch im Alltag in Dir, ganz ohne Dein Zutun und Deine Kontrolle.
- » Stell Dir nun Deine innere Haustür vor: Du klingelst. Wartest. Bist Du daheim? Dann machst Du auf und begegnest Dir selbst: Wen siehst Du heute in der Türe stehen? Sitzt die Frisur? Oder hat der Tag Dich verstrubbelt? Machst Du ein freundliches Gesicht oder bist Du genervt?
- » Du wirst vielleicht hereingebeten: Wie sieht es in Dir aus? Ist aufgeräumt oder Chaos? Ist Dein Leben frisch gelüftet? Oder müffelt es nach Langeweile? Ist es leise

oder laut in Dir? Nimm mit allen Sinnen wahr – wie ist es da drin, wo Du Dich selbst besuchst?

» Wie steht es um die Gastfreundschaft? Fühlst Du Dich wohl bei Dir als Gast? Oder ist der oder die Gastgeber*in mit den Gedanken längst wieder ganz woanders? Würdest Du gerne Menschen mitbringen, Menschen, die Dir wichtig sind? Wer würde denn noch in dieses Wohnzimmer gehören, wenn es da schön ist?

» Der Besuch ist zu Ende. Wird es ein Wiedersehen geben? Oder gibt es eine andere kleine Verabredung, die Du vielleicht mit Dir selbst treffen willst?

SCHLUSSREFLEXION UND GEBET

Zum Schluss lade ich Dich ein, nochmals nachzufühlen: Wie war die Begegnung mit Dir? Vielleicht magst Du Jesus, wie einem alten Freund, von Deinem Besuch bei Dir selbst erzählen. Denn er ist ein Meister darin, da und bei den Menschen zu sein.

3. KAPITEL

Über sich hinauswachsen und Mensch werden

Menschen werden wir nicht, indem wir Fähigkeiten lernen. Menschen werden wir, wenn wir uns mühen zu lernen, jemand zu sein. Es braucht Mut, sich auf dieses Abenteuer, ich selbst zu werden, einzulassen. Denn ich kann mich nicht einfach selbst erfinden, sondern muss mein Leben aufbauen mit den Talenten, die ich eben habe, und auf dem Fundament der Geschenke und Lasten, die mir als Kind meiner Familie, meiner Gesellschaft und meiner Zeit eben mitgegeben sind.

Ich muss den Mut finden, mich vom Leben und von anderen Menschen berühren zu lassen. Denn wir brauchen die anderen, um an ihnen als Mensch zu wachsen. Die Freiheit, ich selbst zu werden, macht Freude. Aber sie erfordert auch den Mut, noch nicht ausgetretene Wege zu betreten. Und dann gibt es jene Momente, in denen das Leben leicht wird und frei, wie wir es uns immer ersehnen.

Sich berühren lassen und heil werden

Jetzt, wenn ich diesen Text schreibe, liegen die Corona-Epidemie, das Gebot, von anderen körperlich Abstand zu halten, und die Zeit der Isolation zu Hause hinter mir. Ich habe eine ganze Weile gebraucht, um überhaupt zu spüren, wie sehr mir der Kontakt zu anderen Menschen fehlte. Was sich zunächst relativ sicher anfühlte, nur etwas zurückgezogen, nahm ich erst mit der Zeit als Verarmung und Einsamkeit wahr.

Der Arzt und Wissenschaftsautor Werner Bartels schreibt, dass wir ohne Berührungen nicht leben können. Kleinkinder verkümmern und entwickeln sich nicht richtig, wenn sie nicht berührt werden. Auch Erwachsene, die sich durch nichts mehr berühren lassen, verlieren den Zugang zu den Tiefen ihres Erlebens. Aus der Forschung weiß man, dass es Menschen in potenziell traumatisierenden Situationen, zum Beispiel bei Unfällen, hilft, wenn sie von einem anderen Menschen in einer Weise berührt werden, die Sicherheit und Schutz vermittelt. Kranke oder verzweifelte Menschen brauchen nichts mehr als andere Menschen, die sie berühren und sich ihnen ganz zuwenden. Berührungen schenken unendlich viel. Sie machen uns glücklich. Und manchmal machen sie sogar heil.

Aber selbst in normalen Zeiten braucht es Mut, den eigenen, sicheren Raum aufzugeben und das Wagnis einzugehen, sich von anderen innerlich oder äußerlich berühren zu lassen. Wer sich öffnet, riskiert verletzt zu werden. Die Bibel macht uns Mut, Berührung zuzulassen und einander Berührung zu schenken. Jesus berührt in den Heilungsgeschichten immer wieder Menschen – den Taubstummen, den Aussätzigen, die gebeugte Frau. Und jedes Mal ist die körperliche Berührung mit dem Erlebnis verbunden, heil zu werden.

Es muss nicht immer die große Heilung sein. Aber manchmal spüre ich, dass ein kleiner innerer Riss in mir heilt oder eine alte Wunde sich endlich zu schließen beginnt, wenn mich eine Geste, ein Wort oder eine Umarmung auch innerlich berührt. Das ist ein gutes Gefühl.

Je mehr sich unsere Seele allein
und abgeschieden befindet, um so
mehr macht sie sich geeignet,
anzukommen; und je mehr sie sich
auf diese Weise bindet, um so mehr
macht sie sich bereit, Gnaden und
Gaben von seiner göttlichen und
höchsten Güte zu empfangen.

Ignatius von Loyola,
Exerzitienbuch, 20. Anweisung

Übung Spaziergang durch den inneren Garten

HINFÜHRUNG

Gerne möchten wir Dich zu einem inneren Spaziergang einladen. Such Dir dazu einen angenehmen Ort, an dem Du ein wenig verweilen magst. Versuch, wie von innen wahrzunehmen, wie Du jetzt gerade da bist. Nimm zum Beispiel wie von innen wahr, wie der Boden Dich trägt, die wärmende Sonne, den kühlen Wind …

DIE ÜBUNGSSCHRITTE

→ Wir laden Dich zu einem inneren Ausflug ein: Stell Dir vor, Du kommst in einen wunderschönen Garten. Es ist Frühling und die Sonne scheint warm auf Deine Haut. Spürst Du, wie die Wärme Deinen Körper wohlig durchdringt und Dich mit Kraft auflädt?

→ In diesem inneren Garten zwitschern die Vögel freudig. Stecken sie Dich mit ihrem fröhlichen Gesang an? Überall siehst Du sattes Grün. Wenn Du magst, erfreue Dich an der üppigen Kraft des Lebens.

→ Beim Weiterschlendern entdeckst Du ein Blumenbeet: Das ganze Beet ist ein buntes Blumenmeer. Kannst Du die Blumen riechen? Das ist nicht leicht! Aber vielleicht weht Dich wenigstens eine Ahnung an: Rosen? Nelken? Oder riechst Du Frühling? Fülle?

Energie? Und was macht das in Dir, wenn Du Dich von diesen Düften berühren lässt?

→ Spaziere weiter durch den Garten. Welche Menschen entdeckst Du in Deinem inneren Garten? Was tun sie? Und was davon berührt Dich innerlich, wenn Du zusiehst? Bleib bei Dir! Nimm alles wahr, was Dich anspricht oder berührt. Spür nach, was das in Dir und mit Dir macht.

SCHLUSSREFLEXION UND GEBET

Sammle ein, was Du bei Deinem kleinen inneren Spaziergang durch den Garten erlebt und wahrgenommen hast. Wenn Du das alles betrachtest: Was berührt Dich jetzt gerade? Und vielleicht kannst Du jetzt gerade auch ein wenig davon spüren, wie Dich das ein oder andere etwas heil macht, das Dich berührt. Es ist nicht schlimm, wenn es bei Dir gerade nicht so ist. Wichtig ist nur, dass, wenn Du es wahrnimmst, Du es wertschätzen und genießen kannst.

Noch besser kannst Du all dies natürlich erleben, wenn Du Dich in einen echten Garten setzt und Dich dort von all dem berühren lässt, was Dir begegnet. Viel Freude beim Spazieren durch den Alltag!

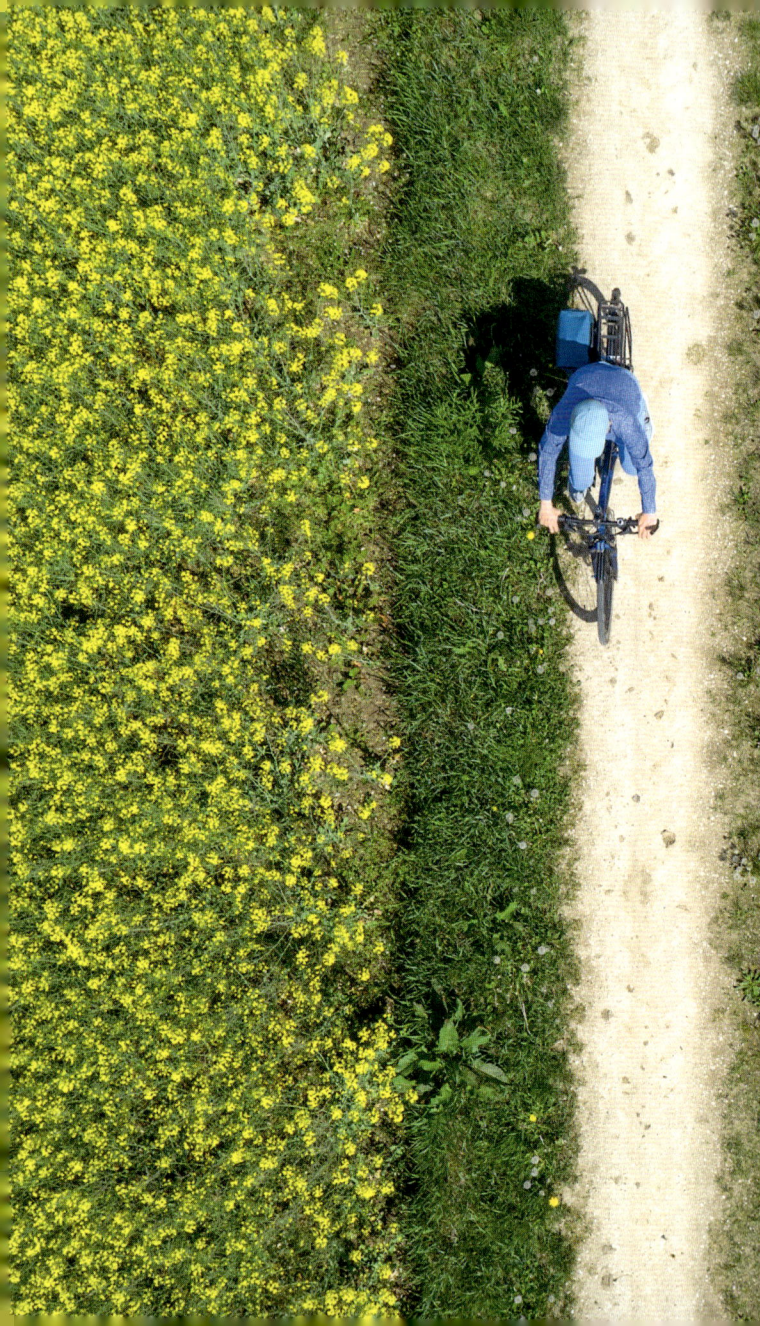

Was erfüllt mich und was erfüllt sich durch mich?

„Ein Roman ist eine innere Landschaft sichtbar gemacht." – Diesen Satz des Autors Lars Gustafsson las ich vor vielen Jahren. Was ist es, was mich an diesem Satz so berührt?

Meine inneren Landschaften sind manchmal chaotisch wie Wimmelbilder, manchmal klar geordnet. Sie entstehen beim Lesen. Sie werden bewohnt von fiktiven Figuren. Deren Charakter, deren Handlungen, bestimme nicht ich. Ich lasse mich ein. Mal gehe ich mehr, mal gehe ich weniger zufrieden den Weg der Autor*innen mit. Die Figuren in all ihrer Widersprüchlichkeit lade ich ein, mich zu berühren. Sie wecken in mir eine ganze Landschaft innerer Bewegungen. Da gibt es in mir etwas, das sich freut, während ein anderes sich fürchtet. Etwas in mir ist zufrieden oder ärgerlich. Etwas weint, während ein anderes lacht.

Wenn ich ein Buch beendet habe, kommen, oft lange danach, diese Landschaften zurück. Und in all dem Gewimmel entdecke ich neue Freiheitsräume, wie ich denken oder handeln möchte, wer ich bin und wer ich sein möchte. Bei dem Philosophen Sören Kierkegaard resultiert Angst aus dem Bewusstsein der Möglichkeit von Freiheit. Und ist das nicht wahr? Hemmt uns nicht manchmal die diffuse Angst vor den Möglichkeiten und unserer Freiheit zu wählen? Angst aber muss nicht negativ verstanden werden. Wir wachsen an und mit der „Freiheit".

An den Freiheitsräumen all der fiktiven Figuren und daran, wie sie mit ihnen umgehen, lerne ich nicht nur, noch näher bei mir zu sein. Ich lerne auch, mich auf ganz andere Leben einzulassen und andere Menschen ihren eigenen Weg gehen zu lassen. Denn ich bin nicht Autorin ihres Lebens. Es geht dabei um mehr als „nur" die Akzeptanz anderer Lebensentwürfe. Es geht darum, zu lernen, mich zurückzunehmen; die Andersheit des anderen wirklich zuzulassen; und ihn oder sie dennoch nicht zu verlassen. Darum geht es: Aneinander zu wachsen und füreinander da zu sein. Sich begleiten, stützen, ermutigen, trösten, kontrovers sein, sich die Hände reichen, miteinander lachen, miteinander weinen, streiten, sich versöhnen. Gemeinsam Mensch sein.

Geistliche Übungen, um über sich selbst zu siegen und sein Leben zu ordnen, ohne sich durch irgendeine ungeordnete Neigung bestimmen zu lassen.

Ignatius von Loyola, Exerzitienbuch, Untertitel

Übung Auf Entdeckungsreise

HINFÜHRUNG

Heute laden wir Dich zu einer Entdeckungsreise durch die innere Landschaft Deines Lebens ein. Such Dir einen ruhigen Ort. Schließ die Augen. Sei neugierig und unvoreingenommen! Lass Dich von Dir selbst überraschen.

DIE ÜBUNGSSCHRITTE

→ Was siehst Du? Siehst Du Gebirge, Wasserströme, Wüsten? Oder einen Park mit Bäumen, Büschen und Wegen? Sind Dir die Welt und Dein Leben eher Wildnis oder eher ein Garten? Gibt es Ecken, wohin Du nur ungern und vorsichtig Deine Schritte lenkst?

→ Von welchen Wesen wird Deine innere Landschaft bevölkert? Freundliche Tiere und Menschen? Um welche Personen weißt Du in dieser Weite, die Dich geprägt haben? Woran spürst Du ihre Anwesenheit?

→ Gibt es unbetretene Pfade? Bist du jemals gegen den Strom geschwommen? Vielleicht möchtest Du es heute mit Robert Frost halten: „Im Wald zwei Wege boten sich mir dar, und ich nahm den, der weniger betreten war. Und das änderte mein Leben." Horch in Dich hinein: Gibt es gerade etwas wie Freude am Unbekannten, eine innere Unruhe, die zum Aufbruch drängt? Vielleicht weißt Du noch nicht, bei wem oder was Du Erfüllung suchst. Aber vielleicht weht Dich gerade eine Ahnung an, wohin Du den ersten Schritt auf einem langen Weg setzen willst.

→ Der Mensch ist ein soziales Wesen. Erfüllung findet nur, wer nicht nur nach eigener Erfüllung fragt, sondern auch danach, was sich durch ihn oder sie selbst erfüllen soll. Wo in Deiner inneren Landschaft warten Aufgaben auf Dich, und Du weißt genau: Es gibt keine andere Person. Dein Engagement ist gefragt, um die Welt für Mitmenschen zu einem besseren Platz zu machen! Bist Du bereit dazu? Mit wem willst Du Dich gemeinsam aufmachen?

SCHLUSSREFLEXION UND GEBET

Stell Dir vor, Gott oder jene Kraft, die Dir das Leben und all die inneren und äußeren Kontinente geschenkt hat, ist auch gerade in und um Dich. Vielleicht gibt es ja Worte oder eine Geste dafür, wofür Du danken möchtest, was Du dem Leben zurückgeben möchtest, oder wozu Du Kraft brauchst.

Übers Wasser laufen oder warum sich der Mut zu vertrauen auszahlt

Bist Du schon einmal am Meer entlanggelaufen oder an einem See, ganz nah am Wasser? Ich mache das unglaublich gerne – Wasser in all seinen Formen hat mich schon immer fasziniert. Auch heute noch kann ich stundenlang aufs Wasser schauen und zuhören, wie es murmelt, gluckert, schwappt und rauscht. Wasser hat etwas Regelmäßiges, Stetiges, wie eine natürliche Uhr. Seit Jahrtausenden bestimmen Ebbe und Flut das Leben von Millionen von Menschen, die am Meer leben.

Wasser ist aber auch überraschend. Wellen können plötzlich zurückkommen, schneller und größer als wir es erwartet haben. Und es ist trügerisch – mit Strudeln, Untiefen und Stromschnellen. Meine Faszination hat auch etwas mit der Unberechenbarkeit des Wassers zu tun. Ich kann nicht alles vorhersehen und hundertprozentig einschätzen. Es braucht Vertrauen – in meine Fähigkeiten, aber auch darauf, dass im Zweifelsfall Rettung von außen kommt.

Mit einigen Mitbrüdern war ich vor ein paar Jahren in der Normandie wandern am Strand. Sie gingen weiter oben auf dem Kies, ich blieb in der Nähe der Wasserlinie, immer wieder auslotend, wie weit ich gehen könnte, ohne von den Wellen erwischt zu werden. Ohne es zu merken, entfernten wir uns immer weiter voneinander. Der Kiesstrand machte einen großen Bogen landeinwärts, während ich weit draußen am Wasser blieb. Schließlich befand ich mich auf einer großen Sandbank. Vor mir ein breiter Streifen Wasser. Hinter mir hatte die einlaufende Flut meinen Rückweg abgeschnitten. Landeinwärts schnitt das Wasser die Sandbank von beiden Seiten her ab. Mir blieb wenig Zeit zum Überlegen: Ich nahm all meinen Mut zusammen und rannte landeinwärts hin zum Graben, der immer größer wurde. Ich sprang – und erreichte gerade noch den Kies. Einen Moment später wäre ich mitten im Wasser gelandet. Ich sandte ein Stoßgebet zum Himmel, dankbar für den Mut, den ich erhalten hatte, den großen Sprung zu wagen. Diese Erfahrung begleitet mich seither und macht mir Mut, auch in schwierigen Momenten das Vertrauen nicht zu verlieren.

Vertraue so auf Gott, als hinge der Erfolg der Dinge ganz von Dir und nicht von Gott ab; wende ihnen jedoch alle Mühe zu, als werdest Du nichts, Gott aber alles allein tun.

Ignatius von Loyola

Übung Auf dem Wasser gehen

HINFÜHRUNG

Diese Übung kannst Du zu Hause oder am Wasser machen. Such Dir eine bequeme Haltung, richte Dich auf, entspann die Schultern und atme gut durch. Lass alles Störende (Geräusche, Gedanken) bei Seite. Betrachte das Wasser oder stell Dir einen Ort am Wasser vor, wo Du jetzt gerne sitzen würdest. Konzentriere alle Sinne darauf, was Du siehst, hörst, fühlst, riechst und schmeckst.

DIE ÜBUNGSSCHRITTE

→ Was bereitet Dir Freude, wenn Du das Wasser betrachtest? Welche Erinnerung wird wach, die in Deinem Leben eine besondere Bedeutung hat? Genieße sie für einen Moment.

→ Gibt es etwas, das Dir jetzt gerade am Wasser unangenehm ist, Dir vielleicht sogar Angst macht? Hast Du eine Idee, was dahintersteckt? Hast Du Erfahrung, wie Du diese Angst überwinden kannst? Bleib dabei und stell Dir vor, woher oder von wem Du Hilfe bekommst. Wie geht es Dir dabei?

→ In der Bibel gibt es eine Geschichte, in der Jesus auf dem Wasser des Sees Genezareth auf das Schiff seiner

Jünger zugeht. Zuerst haben sie Angst. Doch dann will Petrus es ihm gleichtun. Er geht auf dem Wasser, bis ihn der Mut verlässt und er droht unterzugehen. Jesus rettet ihn jedoch in letzter Minute (Mt. 14, 22–33). Hast Du Dir auch schon einmal vorgestellt, wie es wäre, auf dem Wasser zu gehen? Oder kam es schon einmal vor, dass Du Dich fühltest, als gingest Du auf dem Wasser? Stell Dir doch vor, wie das jetzt wäre. Was ist das für ein Gefühl!?

→ Blicke jetzt auf Momente in Deinem Leben, die sich so anfühlen, als würdest Du auf dem Wasser gehen. Schau aber nüchtern auch dahin, wo Du manchmal das Gefühl hast, unterzugehen. Woher kommen das Vertrauen und die Kraft, nicht unterzugehen? Vielleicht gibt es eine konkrete Hilfe, die Du mitnehmen willst.

SCHLUSSREFLEXION UND GEBET

Kehre behutsam ins Alltagsbewusstsein zurück. Was bleibt als Eindruck zurück? Wenn jetzt Deine beste Freundin, Dein bester Freund neben Dir säße, was würdest Du unbedingt erzählen wollen?

Schließe die Übung mit einer Geste oder einem Wort der Dankbarkeit ab: für die Gedanken und die Erfahrung, die dir während dieser Zeit am Wasser geschenkt wurden.

4. KAPITEL

Glück ist mehr als „glücklich sein"

Das Glück, von dem wir in diesem Buch sprechen, ist mehr als die Laune des Zufalls; es ist auch etwas anderes als das schiere Gefühl, glücklich zu sein. Wir gehen aus von der Frage, wie wir als Menschen glücken können. Und es wäre unlauter zu behaupten, die Aufgabe, als Menschen zu glücken, führte uns immer in paradiesische Zustände, wo wir glücklich sind und froh. Dagegen spricht die Schwerkraft der Dinge; das Beharrungsvermögen ungerechter sozialer Zustände und Machtverhältnisse.

Aber: Menschen, die sich mühen, als Menschen zu glücken, das heißt, die nicht nur nach dem eigenen Glück streben, sondern auch nach Solidarität und Gerechtigkeit, damit auch andere Menschen Glück und Erfüllung finden, gerade sie erfahren in dieser großherzigen Weise zu leben Erfüllung; nicht selten auch dann, wenn sie vordergründig zu scheitern scheinen.

Wie aber können wir auf den Geschmack kommen, großherziger, demütiger, freier und barmherziger zu leben? Hierzu möchte das folgende Kapitel einige Impulse geben.

Wahrhaftigkeit macht frei

Ich liebe die Erzählung von der Begegnung Jesu mit der Samariterin am Jakobsbrunnen. Eine Begegnung, die nie hätte stattfinden dürfen, wird für ein ganzes Dorf zur Quelle der Erfahrung von Glück und Erfüllung. Denn für einen frommen Lehrer zur Zeit Jesu ziemt es sich weder, Gemeinschaft mit Andersgläubigen zu haben, noch sich alleine zu einer Frau, noch dazu „so" einer Frau, zu gesellen. Die später kommenden Jünger jedenfalls rümpfen sofort, wenn auch stillschweigend, die Nase. Sie ist eine jener alleinstehenden Frauen, die damals ihr Glück bei verschiedenen Männern suchen mussten, um wirtschaftlich und sozial zu überleben.

Jesus kümmert sich nicht um diese Gepflogenheiten. Er wagt die wirkliche Berührung und überspielt die Situation der Frau nicht aus falscher Rücksichtnahme. Er spricht sie dort an, wo es weh tut. Für sie ist das befreiend. Nun kann sie sagen, wonach sie dürstet: ein Leben mit weniger Beschwerlichkeit. Aber auch da ist Jesus ehrlich. Das kann und will er nicht bieten. Er bietet vielmehr einen nie versiegenden, lebendigen Quell der Erfüllung. Und der besteht darin, den Willen Gottes zu tun. Und was ist der Wille Gottes?

Mein Mitbruder Francis d'Sa hat mir ein Bild aus dem indischen Shivaismus geschenkt. Der Schöpfer tanzt die Schöpfung. Den „Willen des Vaters" zu tun, bedeutet in diesem Bild, nicht wie ein schlechter Tänzer grob den eigenen Takt durchzusetzen. Es bedeutet, hinzuhören und sich auf die Musik und die anderen Tanzenden einzulassen. Virtuose Tänzerinnen und Tänzer können dies in einer Freiheit, die ihnen erlaubt, alles, was sie ausmacht, ihre ganze Persönlichkeit, ihre Freude und ihr Leid in ihrem unverwechselbar eigenen Tanz auszudrücken.

Den Rhythmus der Schöpfung aber findet nur, wer großherzig Begegnung wagt über die gewohnten sozialen und weltanschaulichen Grenzen hinaus. Nur so lässt sich Gott wirklich in allem suchen und finden.

Schauen, wie alles Gute und alle
Gaben von oben herabsteigen, so wie
auch die mir zugemessene Kraft von
der höchsten und unendlichen von
oben herab; und so auch Gerechtigkeit, Güte, Pietät, Barmherzigkeit usw.
gleichwie von der Sonne absteigen
die Strahlen, von der Quelle die
Wasser usw.

Ignatius von Loyola, Exerzitienbuch,
Betrachtung zur Erlangung der Liebe

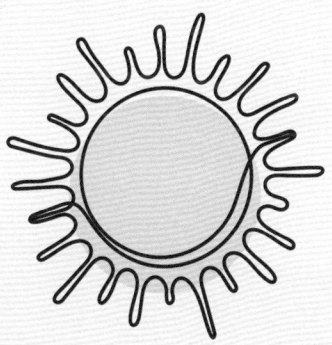

Übung Mein Gegenüber

HINFÜHRUNG

Wahrheit ist das, was jemand als Wahrheit erlebt. Viele Menschen können das Gleiche beobachten und erzählen danach doch Unterschiedliches. Alle sagen aber die Wahrheit – oder? Manche schustern sich allerdings unbekümmert die eigene Wahrheit zurecht, damit sie recht angenehm und passend ist. Zur Wahrheit gehört aber, alles wahrzunehmen und anzusprechen, auch das, was vielleicht weniger angenehm ist.

Dies in Liebe tun zu können, ist die Kunst. Denn Wahrheit ohne Liebe ist brutal und verletzend. In Johannes 14,6 sagt Jesus: „Ich bin der Weg, die Wahrheit und das Leben." Und Jesus ist für viele Menschen wirklich der Weg zum wahren Leben. Denn er vermag, Liebe und Wahrhaftigkeit zu verbinden. Deshalb nehmen wir ihn als Vorbild und üben den Perspektivwechsel hin zur Lebens- oder Erlebenswelt anderer Menschen, um ihre „Wahrheit" zu erfassen.

DIE ÜBUNGSSCHRITTE

→ Versuch, Deinem Gegenüber aktiv, offen und geduldig zuzuhören, um alles zu verstehen.

- Verzichte insbesondere darauf, zu bewerten, was Dein Gegenüber sagt und fühlt. Entwickle stattdessen Verständnis für seine oder ihre Perspektive und die Gründe seines oder ihres Verhaltens.
- Versuch, die Situation, die Perspektive und die Gefühle Deines Gegenübers wie von innen nachzuvollziehen. Aus welchem Erleben heraus spricht die Person? Worin wurzelt diese Sicht der Dinge? Wie fühlt sich das für ihn/für sie wohl an? Wonach schmeckt es?
- Kehre nun zu Dir zurück: Wie reagierst Du auf all das emotional, rational und körperlich? Wo fühlst Du Dich in dieser Begegnung frei? Was macht Dich befangen oder ärgerlich? Wie beeinflusst diese innere Reaktion normalerweise Dein Verhalten und Deine Kommunikation?
- Was hilft Dir, künftig ein wenig offener, wertschätzender und vorurteilsfreier zu bleiben? Und was wäre ein kleiner Schritt in diese Richtung, ein kleiner nächster Schritt auf diese Person zu?

SCHLUSSREFLEXION UND GEBET

Wie fühlst Du Dich jetzt? Was hat sich verändert gegenüber vorher? Vielleicht magst Du dies gegenüber Deinem Schöpfer, der auch Dein Gegenüber geschaffen hat und es liebt, in einem kleinen Dank oder einer Bitte ausdrücken.

Es ist nicht immer gut, wenn Wünsche sich erfüllen

Zunächst kommt einem der Satz doch abstrus vor. „Es ist nicht immer gut, wenn Wünsche sich erfüllen". Wie kann das denn sein? Wünsche erfüllt zu bekommen, macht doch eigentlich glücklich und froh. Ich denke da an Geburtstage oder Weihnachten. An Wunschzettel, die voller Vorfreude geschrieben werden, und das Gefühl der Spannung, ob sich der eine oder andere Wunsch erfüllt haben mag.

Auf dem Weihnachtsmarkt im vergangenen Jahr habe ich eine Familie am Reibekuchenstand beobachtet: Mutter, Vater, ein Sohn und eine Tochter. Die Tochter guckte schlecht gelaunt und war eher wortkarg. Der Vater kam mit einer großen Portion Reibekuchen an den Tisch. Er sagte zur Tochter, die sich wohl etwas anderes gewünscht hatte: „Man bekommt eben nicht immer, was man sich wünscht."

Dieser Satz hat mich nachdenklich gestimmt. Was steckt hinter der Erfahrung, einen Wunsch nicht erfüllt zu bekommen? Der unerfüllte Wunsch nach Erfolg im Beruf, der unerfüllte Kinderwunsch, der unerfüllte Wunsch nach Gesundheit … Vielleicht fällt Dir jetzt auch ein Herzenswunsch ein, der noch nicht in Erfüllung gegangen ist.

Im Grunde steckt hinter unerfüllten Wünschen die Erfahrung der Enttäuschung. Das haben wir uns anders vorgestellt! Aber Enttäuschungen können zu wertvollen Erfahrungen werden. Durch sie lernen wir, auch hinter den unerfüllten Wünschen Chancen zu entdecken, zumindest aber, dass das Leben trotzdem weitergeht und neue Perspektiven bietet. Solche Erfahrungen lassen uns stärker werden und Resilienz entwickeln. Ich möchte nicht behaupten, dass dies einfach ist. Aber es ist möglich: Auch ein Plan B im Leben kann erfüllend und wertvoll sein. So vieles ist im Leben möglich. Und ich bin der festen Überzeugung, wir können darauf vertrauen, dass etwas am Ende Sinn ergeben kann, auch wenn wir im ersten Moment nicht verstehen, worin dieser liegen mag.

Denn das soll ein jeder bedenken, dass er in allen geistlichen Dingen nur insoweit Fortschritte machen wird, als er herausspringt aus seiner Eigenliebe, seinem Eigenwillen und seinem Eigennutz.

Exerzitienbuch, 2. Woche,
Drei Arten, eine gute Wahl zu treffen.

Übung Unerfüllte Wünsche

HINFÜHRUNG

Such Dir einen Ort, an dem Du Dich wohlfühlst. Das kann Dein Bett, Deine Couch oder auch der Fußboden sein. Du kannst Dir auch gerne eine Kerze anzünden. Vielleicht hilft Dir das, etwas zur Ruhe zu kommen, Dich ganz im Hier und Jetzt zu befinden und dort anzukommen, wo Du gerade bist: körperlich, aber auch seelisch. Was mir wichtig ist: Alles ist in Ordnung, alles darf sein.

DIE ÜBUNGSSCHRITTE

→ Nimm eine für Dich bequeme Position ein. Wenn Du magst, schließ die Augen oder beobachte das Flackern der Kerze, die vor Dir steht. Du musst gerade nicht viel von Dir erwarten: Sei einfach da und atme ein und aus.

→ Beobachte, wie sich Dein Körper bewegt: Wohin geht Dein Atem? Wie fühlt es sich an und wo spürst Du es, wenn Du ausatmest?

→ Vielleicht fällt Dir ein Moment ein, in dem ein Wunsch von Dir einmal nicht in Erfüllung gegangen ist. Wie fühlt sich das jetzt gerade noch an, wenn Du Dich daran erinnerst? Wo spürst Du noch etwas von dem „Unerfüllten"? Ist es Dein Brustbereich, Dein Bauch oder eine ganz andere Stelle?

- → Überleg Dir, wie Du mit dem unerfüllten Wunsch umgegangen bist. Was hat Dir geholfen, darüber hinwegzukommen? Und wo hat sich dann vielleicht ein neuer Weg aufgetan, ein neuer Sinn, eine andere Art der Erfüllung? Verweile ein wenig bei diesen Gedanken.
- → Wenn Du auf all das schaust, was da jetzt an Empfindungen, Erinnerungen und Gedanken ist – gibt es da vielleicht einen kleinen Schritt, den Du heute tun magst?
- → Öffne langsam Deine Augen. Wenn Du magst, strecke Dich etwas und komme wieder im Hier und Jetzt an.

SCHLUSSREFLEXION UND GEBET

Ich wünsche Dir, dass Du sanft mit Dir sein kannst. Vielleicht kannst Du mit all den Begrenzungen, die Du an Dir und an Deinem Leben wahrnimmst, dennoch die liebevolle Gegenwart Gottes gerade jetzt wahrnehmen. Er liebt Dich, wie Du bist. Und er hält Dich auch im Schmerz des unerfüllten Wunsches, mit Deiner Fähigkeit oder Unfähigkeit, Heilung und neue Perspektiven zu finden. Er ist da, Du bist nicht allein!

Nur Sterbliche kennen das Geschenk, dankbar und glücklich zu sein

„Na, das Testament würde ich noch nicht gleich machen!", munterte mich ein Arzt auf der Intensivstation auf. Das Leben mit einer chronischen Krankheit hat viel für mich verändert. Ich ertrage Gejammere bei minimalem Anlass nicht mehr so leicht. Was will ich mit meiner beschränkten Lebenszeit anstellen? Die Fragen fallen, anders als früher, nicht mehr sang- und klanglos vom Tisch.

In dem wunderschönen Film „Das indische Hotel" tröstet ein junger Mann seine Gäste angesichts der Fülle von Unzulänglichkeiten in seinem völlig heruntergekommenen Grandhotel immer wieder: „Sehr geehrte Damen und Herren, am Ende wird alles gut! Und wenn es jetzt nicht gut ist, dann liegt das daran, dass es noch nicht das Ende ist." Ich schmunzle gerne, wenn ich an diesen Film denke. So ist das also: Am Ende wird alles gut sein! Das hat mich schon oft getröstet. Aber warum soll es eigentlich erst am Ende gut werden?

Ich arbeite immer noch gerne bis zum Umfallen. Aber die Arbeit schafft es weniger als früher, mich völlig zu vereinnahmen. Ich räume lieben Menschen mehr Zeit ein: Da fällt mal eine wichtige Sitzung aus, weil mein kleiner Neffe den Onkel für die nächste Englischschulaufgabe braucht. Ich kann heute besser als früher wahrnehmen, dass ich kein Einzelkämpfer bin, sondern zu einem Team fantastischer Kolleg*innen und feiner Freund*innen gehöre. Die Verbindung zu meinem Schöpfer im Gebet gibt mir das Gefühl, dass alles gut ist. Jetzt schon! Diesem Wissen widme ich Aufmerksamkeit. Und so fällt es mir inzwischen leichter, mehr zu lieben und nachsichtiger zu sein; über meine und anderer Leute Schwächen zu schmunzeln; den vielen Ängsten mit einem Lächeln die Luft rauszulassen … Kurz: Ich erlaube mir, glücklich zu sein. Das Wissen um den Tod hilft mir, besser im Jetzt zu leben. Und dann?

Der evangelische Widerstandskämpfer Dietrich Bonhoeffer soll unmittelbar vor seiner Hinrichtung durch die Nazis gesagt haben: „Das ist das Ende. Für mich der Beginn des Lebens." So sehe ich das auch und hoffe auf das Miteinander einer erlösten Schöpfung. Dass Gott mir diese Perspektive schenkt, dafür bin ich ihm ohne Ende dankbar.

Ignatius empfiehlt für die Betrachtung
der Auferstehung:

„Helligkeit oder Vorteile der Temperatur
benutzen, etwa im Sommer Frische
und im Winter Sonne oder Wärme,
soweit die Seele denkt oder vermutet,
dass es ihr helfen kann, um sich in
ihrem Schöpfer und Erlöser zu er-
freuen." Und weiter empfiehlt er, sich
„Dinge ins Gedächtnis bringen und
bedenken, die zu Gefallen, Fröhlichkeit
und geistlicher Freude bewegen".

Ignatius von Loyola, Exerzitienbuch,
4. Woche, 4. Bemerkung

Denn es gibt tatsächlich Auferstehung,
täglich, glückliche Auferstehung aus dem Alltag,
aus Sorgen, aus festgefahrenen Situationen,
aus schlechter Laune, aus Stress und Qual.

Übung Dankbar sein

HINFÜHRUNG

An meinem Lebensende will ich mal nicht selbstmitleidig zurückschauen und aufzählen, was alles schiefgegangen ist, was ich verpasst habe und wo ich versagt habe. Da fällt mir leicht viel ein. Mit meiner Krankheit habe ich aber angefangen, darüber nachzudenken und zu verkosten, worüber ich froh bin, was gut ist und war, wofür ich dankbar bin, was mich glücklich macht … und wie ich all dem mehr Raum, Energie und Wachstum schenken kann. Schon zu Beginn meiner Ausbildung im Orden habe ich in einem kurzen Gebet gelernt, auf den Tag zu schauen. Mir blieben Stichworte im Kopf wie: wertfrei auf den Tag schauen, in der Gegenwart Gottes; nichts zu sehr wollen, einen nächsten Schritt Richtung Gutes planen … Aber das Dankbarsein, Glücklichsein … habe ich überhört – Jahrzehnte lang.

Gerne lade ich Dich zu einer Übung ein, die mir wichtig geworden ist, im Angesicht der Endlichkeit Dankbarkeit zu üben und Glück Raum zu geben:

DIE ÜBUNGSSCHRITTE

→ Mittags oder am Abend: Atme durch und stell Dich in die Gegenwart Gottes.

→ Schau auf den Tag zurück, ohne Wertung, mit ehrlichem Blick.
→ Überleg Dir explizit fünf Dinge, Begegnungen oder Ereignisse, für die Du heute dankbar bist und was Dein Beitrag dazu war. (Zumindest musst Du ja vor Ort gewesen sein, damit das alles geschehen konnte. Zum Beispiel konntest Du die Sonne in der Mittagspause auch nur genießen, weil Du an die frische Luft gegangen bist.) Du kannst bei dieser Übung so etwas wie eine Dankbarkeitsliste erstellen.
→ Dank für alles, was gut war.
→ Vielleicht braucht noch etwas anderes Aufmerksamkeit und Verweilen.
→ Bitte auch um Verzeihung, wenn da etwas Ungutes war.
→ Überleg Dir einen kleinen Schritt zum Guten oder vom Guten zum Besseren.
→ Vertrau alles Offene und Deine Pläne für morgen Gott an.
→ Bete ein „Vaterunser".
Amen.

SCHLUSSREFLEXION UND GEBET

Wie klingt diese Zeit in meinem Geist, meinem Herzen, meinem Körper nach? Wetten, dass Du besser einschläfst, wenn Du diese Übung vor dem Einschlafen machst?!

5. KAPITEL

Auf Erden im Himmel

Pilgern hat einen Anfang und ein Ende. Die Stationen sind nicht beliebig zu überspringen. Sich darauf einzulassen, den ganzen Weg zu gehen, ist für uns moderne Menschen nicht einfach. Wir sind gewohnt, uns das herauszupicken, was uns gerade passt.

Du hast jetzt einen größeren Teil Deiner kleinen Pilgerschaft hinter Dir. Jetzt gilt es, dran zu bleiben. Vielleicht spürst Du, wie Du innerlich ein wenig gewachsen bist; gewachsen in der inneren Freiheit – oder der Sehnsucht nach etwas mehr von ihr; gewachsen in Liebe, Dankbarkeit und Großmut – oder der Sehnsucht, darin zu wachsen; gewachsen in der Bereitschaft, das Leben mehr zu nehmen, wie es ist – oder der Sehnsucht, dies mehr zu lernen. Nimm, wie es ist: Und dann weißt Du vielleicht auch schon etwas genauer, wo Dein nächster Schritt ist, Dich selbst mit etwas mehr Großmut und der Bereitschaft zum Engagement für andere Menschen und die Schöpfung einzusetzen. Wichtig ist beim Pilgern: Nicht zu viel wollen! Das Leben wird Schritt für Schritt gelebt und rückwärts verstanden.

Deswegen wollen die kommenden Übungen Dir helfen, noch tiefer zu verstehen, was der Sinn in all dem sein könnte, was Dir im Leben begegnet; und, wie Deine gelebte Antwort darauf aussehen könnte.

Gott in allem suchen und finden

Wow – Das ist eine Ermutigung oder Aufforderung.

Ich bin bei strahlendem Sonnenschein mit Freunden auf einer Bergtour. Welche Schönheit umgibt uns beim Aufstieg: blühende Alpenblumen, das Bimmeln der Kuhglocken. Eine sanfte Brise umweht mein Gesicht: Beim Blick der Alpenkette und der klaren Weite erlebe ich mich klein, eins mit der Schöpfung und frei. Ich liebe und spüre Gott in allem!?

Glückliche Partnerschaft, stabiles Familienleben, gesunde Kinder, eine sinnstiftende, gut bezahlte Arbeit etc.: Warum gelingt das den einen, den anderen nicht? Gott in allem!?

In der Klinik: Ich liege nachts wach und sinne nach, was hier alles zeitgleich geschieht: Auf der Onkologie kämpft ein Mensch um sein Leben. Ein Kind erblickt das Licht der Welt. Viele warten auf Heilung. Angst und Hoffnung gehen Hand in Hand. Eine Pflegekraft erzählt mir, wie gerne sie für Kranke da ist. Gott in allem!?

Aus meiner Erfahrung weiß ich: Es braucht meine Bereitschaft, alles wahrzunehmen, was ist. Alfred Delp schreibt: „Die Welt ist Gottes so voll. Aus allen Poren der Dinge quillt uns dies entgegen. Wir bleiben in den schönen und in den bösen Stunden hängen und erleben sie nicht durch bis zu dem Brunnenpunkt, an dem sie aus Gott hervorströmen." Was angenommen ist, kann sich verändern. Dazu braucht es Mut und Vertrauen. Das heißt, nicht die Dinge an sich sind zu preisen, die oft begrenzt, schmerzhaft oder ungerecht sind. Aber das Göttliche darin, das in allem immer wieder Leben schafft, das ist zu preisen.

Der Sehnsucht zu folgen, das bedeutet, zu verstehen, dass die Welt mit mir spricht, oder wie es Ignatius von Loyola sagen würde, dass Gott durch das Leben mit mir spricht. Es geht darum, zuzuhören, den eigenen Platz und persönliche Erfüllung zu finden, aber auch den eigenen Auftrag und Beitrag zum Gelingen von Schöpfung und einer humanen Gesellschaft. Einen Beitrag, den nur ich leisten kann mit meinen Talenten und meiner Kraft.

Gott ist der „ich bin da", überall und immer. Er spricht zu uns im Guten. Und seine Gegenwart heilt auch all das Scheitern und die Begrenztheit.

Darum ist es notwendig, uns gegenüber allen geschaffenen Dingen mit
Gleichmut zu verhalten in allem, was
der Freiheit unseres freien Willens
überlassen und nicht verboten ist.

Ignatius von Loyola, Exerzitienbuch,
Prinzip und Fundament

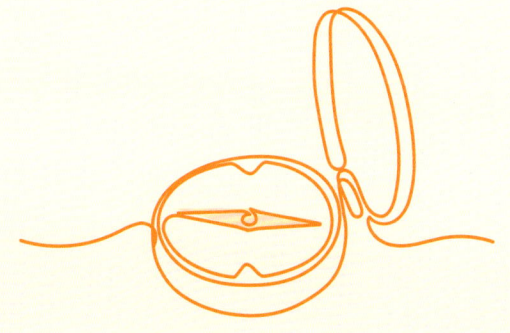

Übung Die Gegenwart Gottes

HINFÜHRUNG

Such Dir einen ruhigen und stimmigen Ort. Beginn die Übung, indem Du auf Deinem Stuhl im Raum oder in der Natur eine aufrechte Haltung einnimmst. Achte dabei auf eine ausgewogene Körperspannung, wie bei einem gut gestimmten Saiteninstrument: nicht zu schlaff und nicht zu straff. Du kannst Deine Augen (halb) schließen.

DIE ÜBUNGSSCHRITTE

-» Wenn es für Dich stimmig ist, dann stell Dir jetzt vor, dass die Luft, die Du einatmest, mit der Kraft und der Gegenwart Gottes erfüllt ist … wie ein riesiges, angenehmes Meer, das Dich umgibt …, ein Meer, ganz gefärbt von Gottes Gegenwart und Sein. Die Luft, die Du einatmest, ist Gott, Du atmest Gott ein …

-» Sei Dir bewusst, dass Du die Kraft und die Gegenwart Gottes in Dich aufnimmst, wenn Du einatmest, jedes Mal … Bleib in dieser Wahrnehmung. Was verändert sich dadurch in Dir oder an Dir?

-» Beende die Übung mit drei bewussten Atemzügen, öffne Deine Augen und komme wieder im Alltagsbewusstsein an.

SCHLUSSREFLEXION UND GEBET

Was ist in Dir lebendig geworden? Was ist das Bedeutsame daran, die Essenz in diesem Augenblick, die Du mit in Deinen Alltag nehmen kannst? Worauf möchtest Du Deine Aufmerksamkeit in dieser Woche lenken?

Alfred Delp SJ hat für sich herausgefunden: Gott wohnt in meinem Herzen und in allen Dingen. Wenn ich nur bereit bin, lässt Gott sich finden – in mir, in allem um mich herum und allem, das mir begegnet.

Vielleicht ermutigt Dich dieser Vers des Psalmisten. „Du zeigst mir den Weg, der zum Leben führt. Du beschenkst mich mit Freude, denn Du bist bei mir; aus Deiner Hand empfange ich unendliches Glück" (Psalm 16,11). Wenn Du magst, sprich ihn mehrfach und verkoste ihn innerlich.

Jesus,
ein Freund und Bruder

Als Lehrer habe ich viele Menschen um mich herum.
Aber einige stehen mir besonders nahe. Das sind meine Freundinnen und Freunde. Einer meiner „besten"
Freunde ist kürzlich gestorben. Mit ihm konnte ich
über alles sprechen. Wenn ich unsicher war, wie ich
mich entscheiden sollte, fragte ich ihn um seine Einschätzung. Wenn ich Hassmails oder Mails voller Vor-
würfe bekam, bat ich ihn, sie stellvertretend für mich
zu lesen und mir zu sagen, ob ich sie lesen sollte oder
nicht. Wenn wir uns lange Zeit nicht gesehen oder gesprochen hatten – manchmal ein Jahr lang oder länger
– war die gute „Chemie" sofort wieder da, als hätte es
keine Pause gegeben. Er wusste, wie ich ticke, und ich
wusste, wie er tickt.

Nun ist er tot. Vierzig Jahre Freundschaft. Diese Lü-
cke kann so schnell niemand füllen. Er wusste so viel
über mich! Wie ein Bruder, der mich schon von Kindes-
beinen an kennt. Dieses Wissen könnte ich gar keinem
Lückenfüller weitergeben, zumal es ja bloß Erzählung
wäre und kein gemeinsames Erleben. Doch ein solcher

Ersatz ist auch nicht nötig. Ich führe das Gespräch mit meinem verstorbenen Freund in meinem Inneren weiter. Kürzlich geriet ich in Panik wegen eines Konflikts, der mich überforderte. Ich fragte mich: „Was würde Thomas sagen?" Die Antwort blieb nicht aus: „Bleib cool." In einem anderen Fall fragte ich ihn: „Wie meinst Du, wie wird er (gemeint: ein gemeinsamer Bekannter) reagieren?" Auch da hatte er eine Einschätzung.

In demselben Sinne ist Jesus für mich auch Freund und Bruder. Seit so vielen Jahren begegnet er mir – in Bildern, im Evangelium, in den liturgischen Feiern der Kirche, in Diskussionen und Gesprächen über ihn. Inzwischen habe ich ein Bild von ihm in mir. Es ist nicht fest und starr, sondern lebendig. Ich kann mit ihm reden, mich innerlich mit ihm abgleichen: „Was würdest Du in dieser Situation machen?" Einmal habe ich mich gefragt, ob ich spinne, wenn ich mich, um Orientierung zu finden, mit Jesus vergleiche. Ich fragte meinen verstorbenen Freund und er antwortete: „Mit wem denn sonst?"

Um innere Erkenntnis des Herrn
bitten, der dazu für mich Mensch
geworden ist, dass ich ihn je mehr
liebe und ihm nachfolge.

Ignatius von Loyola, Exerzitienbuch,
2. Woche, Betrachtung zur Menschwerdung

Übung Jesus' Nähe spüren

In einem wunderbaren Buch berichtet der Journalist Mitch Albom von seinen Besuchen bei seinem ehemaligen Professor Morrie Schwartz, der schwer erkrankt ist und bald sterben wird. Und er, der meinte, dem Sterbenden Kraft und Trost spenden zu müssen, lernt stattdessen dienstags bei Morrie das Leben neu zu betrachten und zu verstehen.

Ein Satz hat mich besonders angesprochen: „Das Wichtigste im Leben ist zu lernen, wie man Liebe gibt und wie man sie in sich selbst hereinlässt." Professor Schwartz fährt fort: „Lass sie rein. Wir denken, wir verdienten keine Liebe, wir denken, wenn wir sie reinließen, würden wir allzu weich und rührselig. Aber ein weiser Mann namens Levine hat mal genau das Richtige dazu gesagt. Er sagte: ‚Liebe ist der einzige rationale Akt!'"

Schon bei unseren liebsten Menschen fällt es uns manchmal leichter zu lieben, als uns lieben zu lassen. Hast Du diese Erfahrung auch schon gemacht? Sich von Gott lieben zu lassen, ist für viele Menschen vorstellbar, aber nicht erlebbar. Theresia von Avila hat dazu eine kleine und unglaublich wirkungsvolle Übung entwickelt. Die Übung geht ganz einfach:

DIE ÜBUNGSSCHRITTE

- Stell Dir vor, Jesus steht vor Dir … Er blickt Dich an … Spür seinen Blick … Das ist alles!
- Theresa fasst die Übung in einem Satz zusammen: „Mira que te mira." – „Sieh (hier besser: Erlebe und lass es auf Dich wirken), dass er Dich ansieht." Und sie ergänzt: „Sieh, dass er Dich liebevoll ansieht. Das heißt: Nimm diese Liebe auch an!" – Und weiter: „Sieh, dass er Dich demütig ansieht." Mit anderen Worten: Spür seinen Blick. Spür die Liebe in seinem Blick, der auf Deinem Leben ruht. Und lass Dich von Gott lieben – ohne Worte: Daraus erwächst alles Weitere.
- Du kannst Dich ja mal auf eine Parkbank setzen und Dir vorstellen, dass Jesus dazu kommt, neben Dir steht oder sitzt. Es ist nicht wichtig, Dir vorzustellen, wie er aussieht oder was er anhat. Es geht einfach darum, seine Nähe zu spüren und in seinem Blick zu verweilen, diesem liebevollen und demütigen (nicht wertenden, sondern wertschätzenden) Blick.

SCHLUSSREFLEXION UND GEBET

Vielleicht möchtest Du Jesus sagen, was Du in seiner Nähe empfindest. Hör einfach, was und wie Jesus Dir antwortet. Vielleicht berührt er Dich auch und legt die Hand auf Deine Schulter. Lass Dir Zeit und verweile einfach.

111

Die Kunst, zu lieben und zu hoffen

Es war ein Sprung ins kalte Wasser, keine Frage! Es gab genug Menschen in meinem Freundes- und Familienkreis, die mich für verrückt und die ganze Sache mit dem Ordensleben zum Scheitern verurteilt erklärten. Aber da gab es einfach diese Leidenschaft für den Mann aus Nazareth. Er lässt mich nicht los! Und doch: Alle, die jemandem schon einmal aus tiefem Herzen ihre Liebe geschenkt haben, wissen, dass Lieben Mut braucht, gerade am Anfang. Wer liebt, macht sich verletzlich. Wird meine Liebe erwidert? Wird unsere Liebe dem Leben standhalten?

Ob ein Mensch wirklich liebt, zeigt sich nicht an Worten, sondern an der Bereitschaft, sein Leben von der Liebe verändern zu lassen. Aufrichtig zu lieben, bedeutet zu lernen, die Welt mit den Augen der anderen Person zu sehen. Die Liebe lässt uns Menschen wachsen. Wir adoptieren nicht nur die Lieben unserer Lieben, sondern auch die Menschen, für die sie sich verantwortlich fühlen. Dieses innere Wachstum lässt Menschen großherziger in der Begegnung werden. Sie achten weniger auf den eigenen Vorteil, wenn sie sich engagieren. Innere Freiheit, auch gegenüber den Wechselfällen des Lebens, ist eine Frucht jener Liebe, die sich nicht einsperrt in die Exklusivität einer Zweierbeziehung. Und irgendwann lernen wir, das Lieben zu lieben.

All das verkörpert für mich Jesus. Dahin will ich ihm nachrennen. Sein Vertrauen in den „Abba", sein „Väterchen", ist unbegrenzt. Das bewahrt ihn und viele, die ihm gefolgt sind, davor, vor der Gewalt einzuknicken. Er glaubt fest an die Macht der Liebe, die uns als Menschheitsfamilie eint. Sie macht es uns zur Aufgabe, die Welt für unsere Nächsten zum Garten zu machen, in dem nicht nur das Gesetz der Stärksten herrscht.

Gabriel Marcel sagt: „Einen Menschen lieben heißt, ihm zu sagen: Du wirst nicht sterben." Ich vertraue darauf, dass dies Jesus in der Auferstehung widerfahren ist. Der Gott des Lebens hat sich in uns Menschen verguckt. Er lässt nicht zu, dass wir scheitern. Auf seine Macht der Liebe vertraue ich, weil ich spüre, wie sie mich heute schon verändert und mir Lebendigkeit schenkt.

Allein Gott unserem Herrn kommt
es zu, ohne vorausgehende Ursache
der Seele Trost zu geben; denn es
ist dem Schöpfer vorbehalten, in sie
einzutreten und aus ihr auszugehen,
in ihr Bewegungen hervorzurufen,
indem er sie ganz zur Liebe seiner
Göttlichen Majestät hinzieht.

Ignatius von Loyola, Exerzitienbuch,
Regeln, die Geister noch genauer zu unterscheiden

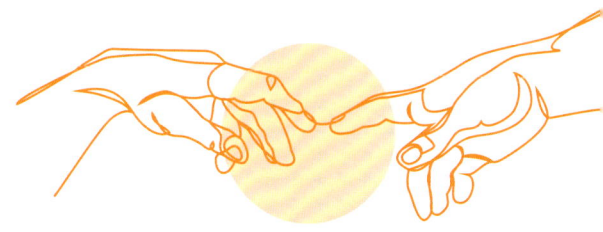

Übung Die Kraft des Lächelns

HINFÜHRUNG

Und dann sind da nur noch das Loch und bleierne Schwere … Wer kennt sie nicht, die Momente, in denen Hoffnung in weite Ferne rückt. Situationen, die einem alles abverlangen, und in denen es vor lauter Kraftlosigkeit schwerfällt, an das Gute und eine Zukunft zu glauben.

„Immer wieder aufstehen …," sagte meine weise Taufpatin in solchen Situationen, „… dann kommt dieser magische Moment, in dem sich die Sache dreht und es weitergeht." Sie hatte recht. Sie kommen immer. Neue Bilder, neue Gedanken, Zukunft und am Ende das Gefühl: Es wird alles wieder gut sein. Und mit dieser Hoffnung geht es weiter.

Wer sich den Schneid zur Hoffnung nicht abkaufen lässt, entdeckt auch in schwierigen Situationen die Chancen und kann leichter Lösungen entwickeln. Optimistische Menschen kommen eher ins Handeln und fühlen sich Situationen nicht ausgeliefert.

Ein Weg, Hoffnung und Zuversicht in uns Raum zu geben, ist, unseren Körper und seine Sprache in uns zu aktivieren. Dazu eine kleine Übung:

DIE ÜBUNGSSCHRITTE

- Lächle, jetzt! Zieh einfach Deine Mundwinkel nach oben und such in Deinem Körper nach dem Gefühl des Lächelns, das dadurch aktiviert wird. Spürst Du es schon? Verkoste und genieße es.
- Lächle morgens, bevor Du aufstehst. Lächle, wenn Du Dich im Spiegel betrachtest. Lächle, wenn Du aus dem Haus gehst. Schmunzle, wenn Dir Missgeschicke passieren. Lächle auch fremde Menschen auf der Straße an. Lächle – aus Höflichkeit innerlich – wenn Menschen sich seltsam aufführen. Und lächle, wenn Du abends im Bett liegst. Was war das wieder für ein Tag?!

SCHLUSSREFLEXION UND GEBET

Erzähl Gott oder einem lieben Menschen, wie dieser Tag war. Was Du Dir von ihm oder ihr wünschst. Was Dein Beitrag war, damit Du weitergehen kannst. Was Dir geschenkt wurde und worauf Du hoffst.

Auf Wiedersehen!

Liebe Gefährtin, lieber Gefährte auf der langen gemeinsamen Pilgerschaft zur Menschwerdung,

Danke für Dein Vertrauen. Danke, dass Du Dich auf unsere Impulse eingelassen hast. Wir hoffen, dass die ein oder andere Übung Dich ein klein wenig inspiriert hat, um Dein Leben nachzujustieren, und um Dir selbst und vielleicht auch jenem namenlosen Geheimnis etwas näherzukommen, das in der Schöpfung gegenwärtig ist und das manche von uns Gott nennen. Wir wünschen Dir für Deine weitere Pilgerschaft von Herzen alles Gute. Bleib uns gewogen.

Dein Team von Autorinnen und Autoren
aus dem Heinrich Pesch Haus und dem Jesuitenorden

Geschafft! Wir sind froh und dankbar!

Wir, die Herausgeber, finden es eine wunderbare Erfahrung, dass sich das ganze Bildungsteam unseres Heinrich Pesch Hauses gemeinsam auf den Weg gemacht hat, um die geistlichen Übungen des Ignatius zu übersetzen, Übungen auf der Suche nach dem Glück zu finden, sie aufzuschreiben, sich damit zu zeigen und sie anderen Menschen weiter zu schenken. Liebes Team, Ihr seid großartig. Danke!

Damit das Buch gelingen konnte, brauchte es aber noch mehr Menschen. Liebe Dr. Anette Konrad, lieber Stefan Weigand und Team, danke für die Mitarbeit an der Konzeption, das Redigieren und die grafische Gestaltung dieses Pilgerführers. Ihr wart unsere sichere Bank!

Liebes Team vom Pilgerverlag und liebe zentraleuropäische Provinz der Jesuiten, Euch danke für das Vertrauen, die Zusammenarbeit und die Unterstützung.

Die Herausgeber